COMO PARAR DE PENSAR DEMAIS NOS RELACIONAMENTOS

Um guia prático para superar pensamentos tóxicos, melhorar a comunicação e cultivar a paz no seu relacionamento.

Alex Marlowe

Isenção de responsabilidade

As informações fornecidas neste livro são apenas para fins educacionais e informativos. Não se destina a substituir aconselhamento, diagnóstico ou tratamento profissional. Procure sempre o aconselhamento de profissionais qualificados em relação a quaisquer preocupações médicas, psicológicas ou educacionais.

O autor e o editor deste livro fizeram todos os esforços para garantir que as informações apresentadas sejam precisas e atualizadas. No entanto, eles não fazem representações ou garantias de qualquer tipo, expressas ou implícitas, sobre a integridade, precisão, confiabilidade, adequação ou disponibilidade das informações aqui contidas.

Qualquer confiança que você depositar nas informações deste livro será por sua própria conta e risco. O autor e o editor se isentam de qualquer responsabilidade por qualquer perda ou dano decorrente do uso das informações fornecidas neste livro.

tenham sido feitos todos os esforços para representar com precisão as experiências e opiniões das pessoas mencionadas neste livro, elas são apenas as opiniões dos autores e não refletem necessariamente as opiniões do editor. Qualquer semelhança com pessoas reais, vivas ou mortas, ou eventos reais é mera coincidência.

ÍNDICE

Conteúdo

Introdução 7

Compreendendo as causas raízes 11

Reconhecendo padrões de pensamento excessivo ...17

O impacto nos relacionamentos 23

Estratégias práticas para superar o pensamento excessivo 31

Melhorando a comunicação e a confiança 39

Nutrindo Relacionamentos Saudáveis 45

Conclusão 51

Introdução

No reino dos relacionamentos, nossas mentes muitas vezes podem ficar emaranhadas em uma teia de pensamentos, tecendo padrões intrincados de preocupação, dúvida e especulação. Este fenômeno, comumente conhecido como pensamento excessivo, tem o poder de lançar uma sombra sobre a paisagem de amor e conexão que de outra forma seria brilhante.

Definindo o pensamento excessivo nos relacionamentos

Imagine isto: Sarah está sentada em frente ao seu parceiro, Jake, em um café aconchegante, com o aroma de café acabado de fazer pairando no ar. Enquanto eles conversam, a mente de Sarah se afasta, presa em um turbilhão de cenários hipotéticos e perguntas sem resposta. "Eu falei incorretamente?" ela questiona silenciosamente. "O amor de Jake por mim permanece?" Esses pensamentos fugazes deixam um desconforto persistente em seu coração.

Na sua forma mais simples, pensar demais nos relacionamentos pode ser definido como a tendência de analisar e ruminar excessivamente sobre cada aspecto das interações de alguém com um parceiro. Desde examinar mensagens de texto em busca de significados ocultos até repetir conversas em busca de desprezos percebidos, pensar demais pode se manifestar de inúmeras maneiras, muitas vezes alimentado por insegurança, medo ou experiências passadas.

Por que pensar demais pode ser prejudicial

Agora, vamos nos aprofundar em por que pensar demais pode representar uma ameaça significativa à saúde e à felicidade de um relacionamento. Imagine uma flor delicada, cuidadosamente nutrida e cuidada com amor e carinho. Assim como a rega excessiva pode afogar as raízes e sufocar seu crescimento, pensar demais também pode afogar os laços de confiança e intimidade que formam a base de uma parceria forte.

Pensar demais pode criar uma barreira entre os parceiros, dificultando a comunicação aberta e promovendo uma sensação de distância e incompreensão. Pode corroer a estrutura da confiança, levando a sentimentos de insegurança e dúvida que prejudicam a própria essência do amor e da conexão. Além disso, a agitação constante de pensamentos negativos pode esgotar a reserva mental e emocional de alguém, deixando pouco espaço para alegria e apreciação genuínas no relacionamento.

Nas páginas a seguir, embarcaremos em uma jornada para desvendar as complexidades de pensar demais nos relacionamentos e descobrir estratégias práticas para recuperar a paz de espírito e nutrir conexões mais saudáveis. Mas antes de nos aprofundarmos nesta exploração, vamos fazer uma pausa para refletir sobre uma história comovente que ilustra o profundo impacto do pensamento excessivo no coração humano.

Compreendendo as causas raízes

Em nossa busca para desvendar os meandros do pensamento excessivo nos relacionamentos, é crucial nos aprofundarmos nas causas subjacentes que contribuem para esse fenômeno generalizado. Ao iluminar esses elementos fundamentais, podemos obter insights valiosos sobre as origens do pensamento excessivo e começar a pavimentar o caminho para a cura e a transformação.

Explorando experiências passadas e traumas

Um dos principais fatores que podem alimentar o pensamento excessivo nos relacionamentos é o resíduo de experiências e traumas passados. Como ecos silenciosos reverberando pelos corredores da mente, feridas não resolvidas de relacionamentos anteriores ou experiências de infância podem lançar uma longa sombra sobre nossas interações atuais com parceiros românticos.

Imagine uma jovem chamada Emily, cujo relacionamento anterior foi marcado por traição e desgosto. Apesar de encontrar consolo nos braços de um novo parceiro, as cicatrizes de seu passado permanecem como fantasmas nas sombras, sussurrando histórias de traição e abandono. Enquanto ela navega pelo terreno de seu relacionamento atual, Emily se vê assombrada por medos e suspeitas irracionais, incapaz de confiar totalmente ou deixar o passado para trás.

Para indivíduos como Emily, o medo de que a história se repita pode se tornar um poderoso catalisador para pensar demais. Cada mensagem de texto ambígua ou chamada perdida torna-se um potencial prenúncio de traição, desencadeando um ciclo implacável de ruminação e ansiedade. Sem abordar as feridas subjacentes e as inseguranças decorrentes de experiências passadas, pensar demais pode se tornar um sabotador insidioso, minando o potencial de conexão genuína e intimidade nos relacionamentos.

Expectativas irrealistas e medo do fracasso

Outra causa comum de pensar demais nos relacionamentos é a presença de expectativas irrealistas e um medo profundo do fracasso. Em um mundo inundado por noções romantizadas de amor e perfeição, muitos indivíduos se veem lutando com padrões e ideais inatingíveis impostos pela sociedade, pela mídia ou por seu próprio crítico interior.

Considere o caso de James, um jovem cuja percepção do amor foi moldada por contos de fadas e romances de Hollywood. Alimentado por uma busca incansável pela perfeição, James se vê preso em um ciclo perpétuo de dúvidas e escrutínio, constantemente questionando suas ações e palavras em uma tentativa desesperada de viver de acordo com um padrão de amor inatingível.

Para indivíduos como James, o medo de falhar ou decepcionar o parceiro pode se tornar um terreno fértil para pensar demais. Cada pequeno contratempo ou desacordo é ampliado para um fracasso catastrófico, desencadeando uma cascata de pensamentos e dúvidas autocríticas. Sem cultivar uma visão realista e compassiva de si mesmos e de seus relacionamentos, os indivíduos podem ficar presos em um ciclo interminável de reflexão excessiva e auto-sabotagem.

Falta de confiança e comunicação
Por último, um contribuinte significativo para pensar demais nos relacionamentos é a presença de questões subjacentes relacionadas à confiança e à comunicação. No centro de todo relacionamento saudável

está uma base de confiança e abertura, onde os parceiros se sentem seguros e protegidos ao expressar seus pensamentos, sentimentos e vulnerabilidades.

No entanto, quando a confiança é comprometida ou a comunicação é interrompida , isso pode criar um terreno fértil para o pensamento excessivo criar raízes. Imagine um casal, Sarah e Michael, cujo vínculo antes sólido foi corroído por uma série de mal-entendidos e falhas de comunicação. À medida que dúvidas e suspeitas começam a crescer no espaço entre eles, Sarah se vê consumida por uma enxurrada constante de perguntas e incertezas, incapaz de encontrar consolo ou clareza nas palavras ou ações de seu parceiro.

Em situações como essas, pensar demais se torna um mecanismo de enfrentamento – uma tentativa desesperada de dar sentido ao caos e à incerteza que giram no relacionamento. Cada inconsistência ou discrepância percebida torna-se alimento para ruminação, corroendo ainda mais a frágil confiança e conexão entre parceiros.

Concluindo, compreender as causas profundas do pensamento excessivo nos relacionamentos é um primeiro passo crucial para se libertar de suas garras. Ao reconhecer a influência de experiências passadas, expectativas irrealistas e falhas de comunicação, os indivíduos podem começar a cultivar um senso mais profundo de autoconsciência e compaixão em seus relacionamentos. Nos capítulos a seguir, exploraremos estratégias práticas para abordar essas causas profundas e recuperar a paz de espírito e a autenticidade em nossas conexões com outras pessoas.

Reconhecendo padrões de pensamento excessivo

Em nossa jornada para superar o pensamento excessivo nos relacionamentos, é essencial desenvolver uma consciência aguçada dos padrões e comportamentos que caracterizam esse fenômeno generalizado. Ao iluminar esses ciclos de pensamento recorrentes e identificar os gatilhos e sinais de alerta que os precedem, os indivíduos podem obter informações valiosas sobre seus processos de pensamento e tomar medidas proativas para se libertar das garras do pensamento excessivo.

Loops e cenários de pensamento comuns
Uma das características marcantes do pensamento excessivo é a presença de pensamentos repetitivos, loops e cenários que se desenrolam na mente como um disco quebrado. Esses padrões de pensamento geralmente giram em torno de temas de dúvida, insegurança e medo, perpetuando

um ciclo de ruminação do qual pode ser difícil escapar.

Considere os seguintes cenários:

1. A armadilha do perfeccionista: Indivíduos atormentados pelo perfeccionismo podem ficar presos em um ciclo incessante de autocrítica e escrutínio, lutando constantemente para atingir padrões impossíveis de perfeição em seus relacionamentos. Cada pequena falha ou passo em falso é ampliado e se transforma em uma falha catastrófica, desencadeando uma cascata de pensamentos negativos e dúvidas.

2. O Catastrofizador: Para alguns indivíduos, pensar demais assume a forma de pensamento catastrófico, onde pequenos contratempos ou desentendimentos são desproporcionais e se transformam em cenários de pior caso. Cada mensagem de texto ambígua ou chamada perdida torna-se evidência de um desastre iminente, preenchendo uma sensação de destruição e ansiedade iminentes.

3. O leitor de mentes: Na ausência de comunicação clara ou garantia de seu parceiro, os indivíduos podem recorrer à leitura de mentes - fazendo suposições ou atribuindo motivos às ações de seu parceiro com base em suas próprias inseguranças e medos. Isso pode levar a um ciclo de desconfiança e mal-entendido, agravando ainda mais o ciclo de reflexão excessiva.

Ao reconhecer esses ciclos e cenários de pensamento comuns, os indivíduos podem começar a desembaraçar a teia de pensar demais e desafiar as crenças e suposições irracionais que a alimentam.

Identificando gatilhos e sinais de alerta

Além de reconhecer padrões de pensamento comuns, é essencial identificar os gatilhos e sinais de alerta que precedem os episódios de pensamento excessivo. Esses gatilhos podem variar amplamente de pessoa para pessoa e podem estar enraizados em experiências passadas, inseguranças ou estressores externos.

Alguns gatilhos comuns e sinais de alerta de pensamento excessivo incluem:

- **Gatilhos Emocionais:** Certas emoções, como medo, insegurança ou raiva, podem servir como gatilhos potentes para pensar demais. Os indivíduos podem entrar em ruminação quando confrontados com situações ou interações que evocam emoções intensas.

- **Sintomas físicos:** preste atenção a quaisquer sintomas ou sensações físicas que acompanham episódios de pensamento excessivo, como tensão no corpo, batimentos cardíacos acelerados ou respiração superficial. Sinais físicos podem servir como sinais de alerta de que o pensamento excessivo pode estar tomando conta.

- **Padrões de comportamento:** observe quaisquer comportamentos recorrentes ou mecanismos de enfrentamento que tendem a acompanhar o pensamento excessivo, como buscar garantias de outras pessoas, evitar conversas difíceis ou envolver-se em comportamentos compulsivos, como verificar mídias sociais ou ruminar sobre eventos passados.

Ao desenvolver uma maior consciência desses gatilhos e sinais de alerta, os indivíduos podem aprender a interceptar o ciclo de pensar demais antes que ele fique fora de controle. Nos capítulos a seguir, exploraremos estratégias práticas para nos libertarmos desses padrões e recuperarmos a paz de espírito em nossos relacionamentos.

O impacto nos relacionamentos

À medida que navegamos na intrincada dança do amor e da conexão, pensar demais pode lançar uma sombra sobre a paisagem outrora brilhante de nossos relacionamentos. Nesta seção, exploraremos o profundo impacto que pensar demais pode ter na dinâmica dos relacionamentos, desde falhas de comunicação até a erosão da confiança e da intimidade, e o ciclo destrutivo de conflito que muitas vezes se segue.

Como pensar demais afeta a comunicação
A comunicação eficaz está no cerne de todo relacionamento saudável, servindo como a pedra angular sobre a qual a confiança, a compreensão e a intimidade são construídas. No entanto, quando o pensamento excessivo toma conta, pode criar barreiras à comunicação aberta e honesta, dificultando o fluxo do diálogo e promovendo um sentimento de desconexão entre os parceiros.

Uma das maneiras pelas quais pensar demais afeta a comunicação é alimentando um ciclo de má interpretação e mal-entendido. Imagine um cenário em que Sarah recebe uma mensagem de texto de seu parceiro, John, que diz simplesmente: "Precisamos conversar". Em vez de buscar esclarecimentos ou abordar a conversa com a mente aberta, a mente de Sarah imediatamente entra em um frenesi de especulação e preocupação. "O que eu fiz de errado? Ele está terminando comigo?" Esses pensamentos intrusivos não apenas atrapalham a capacidade de Sarah de se envolver em um diálogo significativo com John, mas também criam tensão e ansiedade desnecessárias no relacionamento.

Além disso, pensar demais pode levar a um padrão de evitação e retraimento, onde os indivíduos hesitam em expressar seus verdadeiros pensamentos e sentimentos por medo de rejeição ou julgamento. Num esforço para evitar conflitos ou desconforto, os parceiros podem recorrer ao comportamento passivo-agressivo ou ao distanciamento emocional, agravando ainda mais a falha na comunicação.

Ao reconhecer as maneiras pelas quais pensar demais pode sabotar a comunicação nos relacionamentos, os indivíduos podem começar a cultivar um maior senso de consciência e atenção plena em suas interações com seus parceiros. Por meio de práticas como escuta ativa, empatia e comunicação assertiva, os casais podem promover uma conexão e uma compreensão mais profundas que transcendem as barreiras do pensamento excessivo.

Danos à confiança e à intimidade
Confiança e intimidade são o sangue vital de qualquer relacionamento significativo, servindo como base sobre a qual os laços emocionais são formados e nutridos. No entanto, quando pensar demais se enraíza, pode corroer os alicerces da confiança e da

intimidade, deixando um rastro de dúvida e insegurança em seu rastro.

Uma das maneiras pelas quais pensar demais prejudica a confiança e a intimidade é promover um clima de suspeita e desconfiança entre os parceiros. Imagine um cenário em que Mark percebe que sua parceira, Emily, tem passado mais tempo do que o normal ao telefone. Em vez de abordar a situação com curiosidade e abertura, a mente de Mark imediatamente tira conclusões precipitadas, imaginando os piores cenários e questionando a lealdade e fidelidade de Emily. Este ciclo de desconfiança não só cria tensão e ressentimento no relacionamento, mas também prejudica a sensação de segurança e proximidade que é essencial para que a intimidade prospere.

Além disso, pensar demais pode levar a um padrão de distanciamento e desapego emocional, onde os parceiros hesitam em investir totalmente no relacionamento por medo de serem magoados ou rejeitados. Ao questionar constantemente as intenções e motivos de seu parceiro, os indivíduos podem se ver restringidos emocionalmente, incapazes de confiar totalmente ou se conectar com seu parceiro em um nível mais profundo.

Ao reconhecer as maneiras pelas quais pensar demais pode prejudicar a confiança e a intimidade nos relacionamentos, os indivíduos podem começar a cultivar um maior senso de vulnerabilidade e autenticidade com seus parceiros. Através de práticas como comunicação aberta, vulnerabilidade e perdão, os casais podem reconstruir a confiança e a intimidade tijolo por tijolo, estabelecendo as bases para um relacionamento mais forte e resiliente.

O ciclo de pensamento excessivo e conflito
O conflito é uma parte inevitável de qualquer relacionamento, servindo como um cadinho através do qual as diferenças são expostas e as resoluções são forjadas. No

entanto, quando pensar demais entra em cena, ele pode escalar o conflito a novos patamares, transformando pequenas divergências em grandes campos de batalha e exacerbando o ciclo de discórdia e tensão.

Uma das maneiras pelas quais pensar demais alimenta o conflito é ampliar as ofensas e queixas percebidas, transformando montículos em montanhas e aumentando as tensões desnecessariamente. Imagine um cenário em que Alex e Sarah estão discutindo planos para o fim de semana. Quando Alex sugere sair com os amigos em vez de passar um tempo sozinhos, a mente de Sarah imediatamente tira conclusões precipitadas, interpretando a sugestão de Alex como um sinal de que ela não valoriza o relacionamento deles. Em vez de expressar suas preocupações de forma aberta e honesta, Sarah se retrai em silêncio, permitindo que o ressentimento e a raiva apodreçam abaixo da superfície.

Além disso, pensar demais pode levar a um padrão de defensiva e transferência de culpa , onde os indivíduos transferem a responsabilidade por seus próprios pensamentos e ações para o parceiro. Ao projetar suas inseguranças e medos em seu parceiro, os indivíduos podem inadvertidamente desencadear uma resposta de defesa, aumentando ainda mais o conflito e criando uma barreira entre eles.

Ao reconhecer as maneiras pelas quais o pensamento excessivo perpetua o ciclo de conflito nos relacionamentos, os indivíduos podem começar a cultivar um maior senso de autoconsciência e regulação emocional. Por meio de práticas como atenção plena, empatia e habilidades de resolução de conflitos, os casais podem aprender a navegar pelos conflitos com graça e compaixão, transformando momentos de discórdia em oportunidades de crescimento e conexão.

Estratégias práticas para superar o pensamento excessivo

Em nossa busca para recuperar a paz de espírito e a autenticidade em nossos relacionamentos, é essencial nos munirmos de estratégias práticas para superar o domínio do pensamento excessivo. Nesta seção, exploraremos três abordagens poderosas – técnicas de atenção plena e de ancoragem, exercícios de terapia cognitivo-comportamental (TCC) e estabelecimento de limites e priorização do autocuidado – que podem capacitar os indivíduos a se libertarem do ciclo de ruminação e a cultivar padrões mais saudáveis. de pensamento e comportamento.

Técnicas de atenção plena e aterramento

Em sua essência, atenção plena é a prática de cultivar a consciência do momento presente e a aceitação sem julgamento dos próprios pensamentos, sentimentos e sensações. Ao nos ancorarmos no momento presente, podemos nos libertar do fluxo interminável de pensamentos excessivos e cultivar uma sensação de calma e clareza em meio ao caos de nossas mentes.

Uma técnica poderosa de atenção plena para superar o pensamento excessivo é a prática do aterramento. As técnicas de ancoragem envolvem ancorar-se no momento presente, concentrando-se em experiências sensoriais, como a respiração, as sensações corporais ou o ambiente. Por exemplo, os indivíduos podem praticar exercícios de respiração profunda, concentrando-se na sensação do ar entrando e saindo do corpo, ou praticar relaxamento muscular progressivo, testando e liberando sistematicamente cada grupo muscular do corpo.

Outra técnica de ancoragem é a prática da consciência sensorial, onde os indivíduos sintonizam deliberadamente seus cinco sentidos para se ancorarem no momento presente. Por exemplo, os indivíduos podem praticar a alimentação consciente, saboreando cada mordida na comida e percebendo o sabor, a textura e o aroma, ou fazer uma caminhada consciente, prestando atenção às imagens, sons e sensações do mundo natural ao seu redor.

Ao incorporar técnicas de atenção plena e de ancoragem em sua rotina diária, os indivíduos podem cultivar um maior senso de presença e consciência, libertando-se do ciclo de pensar demais e reconectando-se com a riqueza da vida aqui e agora.

Exercícios de terapia cognitivo-comportamental (TCC)

A terapia cognitivo-comportamental (TCC) é uma abordagem amplamente pesquisada e baseada em evidências para tratar o pensamento excessivo e outros desafios de saúde mental. A TCC opera com base no princípio de que nossos pensamentos, sentimentos e comportamentos estão interligados e que, ao mudar nossos pensamentos, podemos influenciar nossas emoções e ações.

Uma técnica comum de TCC para superar o pensamento excessivo é a reestruturação cognitiva, que envolve identificar e desafiar pensamentos irracionais ou distorcidos que contribuem para o pensamento excessivo. Por exemplo, os indivíduos podem praticar o monitoramento do pensamento, onde observam e registram sistematicamente seus pensamentos em um diário, identificando padrões de pensamento negativo e distorções cognitivas, como catastrofização, pensamento em preto e branco ou leitura de mentes.

Depois que os padrões forem identificados, os indivíduos poderão trabalhar para desafiar e reformular seus pensamentos usando técnicas baseadas em evidências, como desafio de pensamento e reestruturação cognitiva. Por exemplo, os indivíduos podem fazer perguntas como: "Existe alguma evidência para apoiar esse pensamento?" ou "O que eu diria a um amigo que estivesse pensando assim?" Ao questionar os seus pensamentos pessimistas e substituí-los por alternativas mais equitativas e pragmáticas, os indivíduos podem iniciar o processo de libertação da ruminação excessiva e de promoção de um maior sentido de adaptabilidade cognitiva e resiliência.

Além da reestruturação cognitiva, a TCC também incorpora técnicas comportamentais, como exposição e prevenção de resposta (ERP) e ativação comportamental, que envolvem o confronto gradual de situações temidas ou o envolvimento em atividades agradáveis para neutralizar comportamentos de evitação e retirada associados ao pensamento excessivo.

Ao incorporar exercícios de TCC em sua rotina diária, os indivíduos podem aprender a reconhecer e desafiar os pensamentos e crenças distorcidas que alimentam o pensamento excessivo, substituindo-os por padrões de pensamento e comportamento mais adaptativos que promovem maior bem-estar emocional e resiliência.

Estabelecendo limites e priorizando o autocuidado

Finalmente, estabelecer limites e priorizar o autocuidado são componentes essenciais para superar o pensamento excessivo e cultivar relacionamentos mais saudáveis. Limites são linhas invisíveis que delineiam nosso espaço pessoal, valores e limites, protegendo-nos de danos e garantindo que nossas necessidades estejam nos relacionamentos.

Um desafio comum para os indivíduos que lutam contra o pensamento excessivo é a tendência de se esforçar demais e negligenciar suas próprias necessidades em favor de acomodar os outros. Isso pode levar a sentimentos de ressentimento, esgotamento e esgotamento, exacerbando ainda mais o ciclo de reflexão excessiva e prejudicando a saúde dos relacionamentos.

Ao estabelecer limites claros e assertivos nos relacionamentos, os indivíduos podem comunicar suas necessidades e limites aos seus parceiros, capacitando-se para priorizar o autocuidado e proteger seu bem-estar mental e emocional. Por exemplo, os indivíduos podem praticar dizer "não" sem culpa, estabelecer rotinas regulares de autocuidado, como exercícios, meditação ou expressão criativa, e comunicar-se abertamente com seus parceiros sobre sua necessidade de tempo ou espaço sozinhos.

Além de estabelecer limites, priorizar o autocuidado também envolve cultivar um maior senso de compaixão e autocompaixão por si mesmo. Isso pode envolver a prática do diálogo interno com autocompaixão, o envolvimento em atividades que trazem alegria e realização e a busca de apoio de amigos, familiares ou profissionais de saúde mental quando necessário.

Ao priorizar o autocuidado e estabelecer limites que respeitem suas necessidades e valores, os indivíduos podem cultivar um maior senso de equilíbrio e resiliência em seus relacionamentos, libertando-se do ciclo de reflexão excessiva e promovendo padrões mais saudáveis de interação e conexão.

Concluindo, superar o pensamento excessivo nos relacionamentos requer uma abordagem multifacetada que inclua técnicas de atenção plena e de ancoragem, exercícios de terapia cognitivo-comportamental e estabelecimento de limites e priorização do autocuidado. Ao incorporar essas estratégias práticas em sua rotina diária, os indivíduos podem recuperar a paz de espírito e a autenticidade em seus relacionamentos, promovendo conexões mais profundas e maior bem-estar emocional.

Melhorando a comunicação e a confiança

Na busca por relacionamentos mais saudáveis e gratificantes, a comunicação eficaz e a confiança constituem a base sobre a qual são construídas conexões fortes. Nesta seção, exploraremos estratégias práticas para aprimorar as habilidades de comunicação, reconstruir a confiança e a vulnerabilidade e promover o apoio mútuo e a compreensão nos relacionamentos.

Habilidades de comunicação eficazes

A comunicação eficaz é a pedra angular de todo relacionamento bem-sucedido, fornecendo a base sobre a qual a confiança, a compreensão e a intimidade são cultivadas. Ao aprimorar suas habilidades de comunicação, os indivíduos podem criar um ambiente seguro e de apoio onde o diálogo honesto pode florescer.

Um aspecto fundamental da comunicação eficaz é a escuta ativa. A escuta ativa envolve dar toda a atenção ao nosso parceiro, buscando entender sua perspectiva sem julgamento ou interrupção. Isso pode envolver parafrasear ou resumir o que nosso parceiro disse para garantir que o entendemos corretamente e validar seus sentimentos e experiências.

Outro aspecto importante da comunicação eficaz é a assertividade. A comunicação assertiva envolve expressar seus pensamentos, sentimentos e necessidades de maneira clara e respeitosa, respeitando também os direitos e limites do nosso parceiro. Isso pode envolver o uso de declarações "eu" para expressar nossa própria perspectiva, estabelecendo limites claros e assertivos e defendendo suas necessidades e desejos de maneira construtiva e sem confrontos.

Além disso, a comunicação eficaz requer vulnerabilidade e autenticidade. Ao compartilhar nossos pensamentos, sentimentos e vulnerabilidades com nosso parceiro de maneira aberta e honesta, criamos uma atmosfera de confiança e intimidade onde uma conexão genuína pode prosperar.

Ao cultivar habilidades de comunicação eficazes, os indivíduos podem criar uma base sólida para relacionamentos saudáveis e gratificantes, promovendo conexões mais profundas e compreensão mútua com seus parceiros.

Reconstruindo confiança e vulnerabilidade

A confiança é a pedra angular de todo relacionamento saudável, servindo como a cola que mantém os parceiros unidos durante os altos e baixos da vida. No entanto, quando a confiança é comprometida ou quebrada, pode criar barreiras à intimidade e à conexão que são difíceis de superar.

Um aspecto fundamental da reconstrução da confiança é a transparência e a honestidade. Os indivíduos devem estar dispostos a reconhecer os seus erros e assumir a responsabilidade pelas suas ações, ao mesmo tempo que demonstram um compromisso com a mudança e o crescimento. Isso pode envolver ter conversas difíceis com nosso parceiro, pedir desculpas sinceramente por qualquer dano ou mágoa causada e fazer um esforço consciente para reconstruir a confiança por meio de um comportamento consistente e confiável.

Outro aspecto importante da reconstrução da confiança é a vulnerabilidade. Vulnerabilidade envolve nos abrirmos ao nosso parceiro, compartilhando nossos medos, inseguranças e lutas de uma maneira genuína e autêntica. Ao nos permitirmos ser vulneráveis, criamos oportunidades para uma conexão e compreensão mais profundas, estabelecendo as bases para que a confiança seja reconstruída ao longo do tempo.

É importante observar que reconstruir a confiança é um processo gradual que requer paciência, esforço e comprometimento de ambos os parceiros. Pode envolver a busca de apoio de um terapeuta ou conselheiro para resolver problemas subjacentes e desenvolver estratégias de comunicação e enfrentamento mais saudáveis.

Apoio mútuo e compreensão
Além da comunicação e da confiança, o apoio e a compreensão mútuos são componentes essenciais de relacionamentos saudáveis e gratificantes. Ao promover um senso de empatia, compaixão e solidariedade com nosso parceiro, os indivíduos podem criar um ambiente de apoio e carinho onde ambos os parceiros se sintam valorizados, respeitados e compreendidos.

Um aspecto fundamental do apoio mútuo é o envolvimento activo na vida do nosso parceiro. Isso pode envolver ouvir ativamente as preocupações de nosso parceiro e fornecer apoio emocional e incentivo quando necessário, celebrar seus sucessos e conquistas e estar ao seu lado em momentos de dificuldade ou dificuldade.

Outro aspecto importante do apoio mútuo é a empatia e a compaixão. Ao nos colocarmos no lugar do nosso parceiro e procurarmos compreender a sua perspectiva, podemos promover um sentimento mais profundo de conexão e empatia que transcende as barreiras do pensamento excessivo e do mal-entendido.

Ao cultivar essas qualidades de apoio e compreensão mútuos, os indivíduos podem criar uma base sólida para seu relacionamento, promovendo conexões e intimidade emocional com seu parceiro. Por meio de comunicação eficaz, confiança, vulnerabilidade e apoio mútuo, os casais podem enfrentar os desafios de pensar demais e construir relacionamentos mais saudáveis e gratificantes que resistam ao teste do tempo.

Nutrindo relacionamentos saudáveis

Relacionamentos saudáveis são como jardins que exigem carinho, cuidado e atenção para florescer. Nesta seção, exploraremos três princípios para nutrir relacionamentos saudáveis: cultivar a gratidão e a apreciação, abraçar a imperfeição e a aceitação e seguir em frente com confiança.

Cultivando Gratidão e Apreciação

Gratidão e apreço são antídotos poderosos para os efeitos corrosivos do pensamento excessivo e da negatividade nos relacionamentos. Ao cultivar uma atitude de gratidão para com nosso parceiro e o relacionamento, podemos desviar nosso foco do que está faltando ou imperfeito e para a abundância e bênçãos que nos cercam.

Uma maneira de cultivar gratidão e apreço em nosso relacionamento é por meio de expressões diárias de gratidão. Isso pode envolver reservar alguns momentos todos os dias para refletir sobre as coisas que apreciamos em seu parceiro e expressar nossa gratidão verbalmente ou por meio de pequenos atos de bondade e agradecimento.

Outra forma eficaz de cultivar a gratidão é através da prática da atenção plena. Ao nos voltarmos para o momento presente e apreciarmos as alegrias e prazeres simples da vida cotidiana, podemos cultivar um maior sentimento de gratidão e contentamento que se espalha em nossos relacionamentos.

Ao cultivar a gratidão e a apreciação em nossos relacionamentos, podemos criar um ambiente positivo e estimulante onde o amor e a conexão podem prosperar.

Abraçando a imperfeição e a aceitação
Nenhum relacionamento é perfeito e todo casal encontrará desafios e obstáculos ao longo do caminho. Ao abraçar a imperfeição e aceitar nosso parceiro como ele é, com

falhas e tudo, podemos promover um sentimento mais profundo de conexão e intimidade que transcende a necessidade de perfeição.

Um aspecto fundamental para abraçar a imperfeição é praticar empatia e compaixão por nós mesmos e por nosso parceiro. Isso pode envolver abandonar expectativas irrealistas e aceitar que ambos os parceiros são humanos e estão fadados a cometer erros de vez em quando.

Outro aspecto importante de abraçar a imperfeição é promover um sentimento de vulnerabilidade e autenticidade em nosso relacionamento. Ao nos permitirmos ser vulneráveis e compartilhar nossos medos, inseguranças e lutas com nosso parceiro, criamos oportunidades para uma conexão e compreensão mais profundas.

Ao abraçar a imperfeição e a aceitação em nossos relacionamentos, podemos criar um ambiente seguro e de apoio onde ambos os parceiros se sintam valorizados, aceitos e amados por quem são.

Seguindo em frente com confiança
Por fim, cultivar relacionamentos saudáveis exige disposição para seguir em frente com confiança, mesmo diante de incertezas e desafios. Ao cultivar um senso de confiança em nós mesmos e em nosso parceiro, podemos navegar pelos altos e baixos da vida com graça e resiliência.

Um aspecto fundamental para seguir em frente com confiança é praticar o perdão e abandonar as queixas do passado. Apegar-se ao ressentimento e ao rancor só serve para envenenar o muro do nosso relacionamento, dificultando nossa capacidade de seguir em frente e crescer juntos.

Outro aspecto importante para avançar com confiança é manter um sentimento de esperança e otimismo para o futuro. Ao nos concentrarmos nos aspectos positivos do nosso relacionamento e imaginarmos um futuro brilhante e gratificante juntos, podemos superar obstáculos e desafios com um senso de propósito e determinação.

Ao nutrir relacionamentos saudáveis por meio do cultivo da gratidão e da apreciação, abraçando a imperfeição e a aceitação e avançando com confiança, os casais podem criar uma base sólida para uma vida de amor, conexão e crescimento.

Conclusão

Na intrincada tapeçaria da conexão humana, a jornada para superar o pensamento excessivo nos relacionamentos é uma profunda odisseia de autodescoberta, resiliência e transformação. À medida que percorremos os caminhos sinuosos de nossos corações e mentes, somos lembrados de que o poder de recuperar espaço, autenticidade e alegria em nossos relacionamentos está dentro de nós.

Nas páginas deste livro, exploramos as profundezas do pensamento excessivo – desvendando suas raízes, reconhecendo seu impacto e confrontando seu domínio com coragem e convicção. Descobrimos estratégias práticas para nos libertarmos do ciclo de ruminação, promover padrões mais saudáveis de comunicação e confiança e nutrir as sementes do ámor e da conexão em nossos relacionamentos.

Mas além da mera aquisição de conhecimento está o convite para incorporar esses ensinamentos – para incorporar a essência da atenção plena, da compaixão e da vulnerabilidade em nossas interações com nossos parceiros e com nós mesmos. É através da prática diária da gratidão e da apreciação, da aceitação da imperfeição e da aceitação, e do compromisso inabalável de seguir em frente com confiança que podemos cultivar relacionamentos baseados na autenticidade, na resiliência e no amor.

Ao nos despedirmos destas páginas, levemos conosco a sabedoria e os insights adquiridos em nossa jornada – um farol de luz para nos guiar através das provações e tribulações do amor e da conexão. Que possamos abraçar cada momento com o coração aberto e uma mente curiosa, sabendo que a verdadeira libertação não reside na ausência de pensar demais, mas na nossa capacidade de navegar nas suas águas com graça e resiliência.

No final, lembremos que a transformação mais profunda não ocorre no destino, mas na própria jornada – uma jornada de autodescoberta, crescimento e evolução que se desenrola a cada passo que damos em direção a uma maior autenticidade, conexão e amor. .

9 798880 352937